Transformación en la Comunidad

Participación personal con otros para facilitar un cambio positivo donde vives y más allá

Robert E. Logan
con Charles R. Ridley

Publicado por Logan Leadership

Visítenos en: **www.discpleshipdifference.com**

-

ISBN: 978-1-944955-15-1

Impreso en los Estados Unidos de América

Reconocimiento

La habilidad de escritura excepcional de Tara Miller trae nuestros pensamientos e ideas a la vida. Por encima de otros, ella hace que este libro sea posible. Por muchos años, su colaboración creativa ha hecho posible el dar recursos escritos a la iglesia para que las personas puedan descubrir y vivir el propósito que Dios les ha dado.
Traducción al español por Cristina Di Stefano.

CONTENIDO

Creciendo en la transformación en la comunidad

Esta guía es una de las ocho guías de discipulado de la serie "Dimensiones del Discipulado." Lo importante no es la guía con la cual comiences. Empieza leyendo donde tú quieras, y continúa hacia donde Dios te dirija. Cuando vivimos en un ritmo y fluir dinámico de una vida misional, necesitamos escuchar la dirección del Espíritu Santo. Estas ocho guías están organizadas según el diagrama que se muestra a continuación; examínalo para ver cómo encajan juntas cada una de las piezas.

La transformación en la comunidad significa que nosotros, como seguidores de Jesús, estamos contribuyendo activamente a un cambio positivo en la comunidad general, no sólo dentro de la iglesia, sino también en cooperación con la obra y presencia de Dios ahí. Dios ya está obrando en el mundo. La pregunta es cómo nosotros, siendo su cuerpo, podemos cooperar y participar en lo que Él está haciendo. La transformación en la comunidad significa una participación personal junto con otros para facilitar el cambio positivo donde vivimos, y más allá.

El que estaba sentado en el trono dijo: «¡Yo hago nuevas todas las cosas!» Y añadió: «Escribe, porque estas palabras son verdaderas y dignas de confianza.» - Apocalipsis 21:5

Al que puede hacer muchísimo más que todo lo que podamos imaginarnos o pedir, por el poder que obra eficazmente en nosotros, [21] ¡a él sea la gloria en la iglesia y en Cristo Jesús por todas las generaciones, por los siglos de los siglos! Amén. –Efesios 3:20-21

Muy a menudo buscamos el cambio en nosotros mismos o sólo dentro de nuestras iglesias. Dios tiene esferas mucho más grandes en mente, en las que quiere mostrar su poder. Después de todo, Él mandó a Jesús a la Tierra para toda la humanidad. Quiere que los ciegos vean, las prostitutas sean redimidas, los pobres prosperen, los tiranos sean derrocados, y los niños de los barrios marginados aprendan y contribuyan a cambiar a su mundo. Constantemente, nuestra imagen de Dios y lo que Él quiere que nosotros hagamos es demasiado pequeña.

> "Sueña con el mundo en el que quieres vivir. Sueña en voz alta." –Bono

Con un cambio así de grande, ¿qué podríamos hacer? ¿Cuál es nuestro rol? ¿Cómo podemos ser parte de esta historia dramática de transformación en el mundo? Ciertamente no podemos hacer esto por nosotros mismos. Pero cuando nos juntamos con otros y tomamos pasos pequeños, pero determinantes, comenzamos a ver que somos parte del cambio que Dios está trayendo.

Así que, ¿cómo se ve la transformación de la comunidad desde la perspectiva humana? La siguiente trayectoria de cinco partes cubre estas cinco expresiones esenciales de la transformación en la comunidad:

- o Participando en una comunidad de fe que está alcanzando a otros y no está enfocada en sí misma
- o Orando por sanidad y reconciliación en la sociedad
- o Involucrándote en necesidades de justicia social en la comunidad en general
- o Cuidando de la creación de Dios de manera práctica
- o Ayudando a otros a cultivar hábitos y relaciones sanas

Reúnete con un grupo de tres o cuatro para hablar de cada una de estas expresiones. Hazle a cada uno las siguientes preguntas. Espera, y pon atención a las respuestas que surgen del corazón.

> "El amor y la compasión son necesidades, no lujos. Sin ellos, la humanidad no puede sobrevivir." –Dalai Lama XIV

Asegúrense de dejar tiempo suficiente para comenzar a vivir cada una de estas conductas.

1ª Parte:

Participando en una comunidad de fe que está alcanzando a otros y no está enfocada en sí misma

Pregunta clave: ¿Cómo está tu comunidad de fe alcanzando a otros, sin estar enfocada en sí misma?

Las semillas para la transformación del mundo se encuentran en la comunidad de fe, no sólo en los que tenemos al Espíritu Santo viviendo dentro de nosotros, sino también en otros que están siendo redimidos y se están uniendo a nuestras comunidades de fe, y comenzando nuevas. Como la levadura en la masa, un poquito abarca mucho y se esparce en todas partes. Así es como crece el reino de Dios. Rocía unas pocas comunidades de fe, y crecerán por toda la comunidad.

En este sentido, las comunidades individuales de fe no son el fin, sino el medio. No son la meta en sí mismas. Son la herramienta que Dios usa para crear un cambio y transformación más grande en el mundo. A través de las acciones de una comunidad de fe, las cosas cambian, y las personas escuchan. Vemos las ilustraciones de cómo funciona esto en el libro de los Hechos.

Considera lo que está haciendo tu comunidad de fe para dejar de enfocarse en sí misma y alcanzar a otros, trayendo una transformación al mundo alrededor de ti. Tú como individuo no puedes hacer esto solo. Sin embargo, si tu comunidad de fe no está comprometida en alcanzar a otros, es tu responsabilidad traer ese asunto a la luz. Pregúntale a los que están en liderazgo cómo pueden juntos ser parte de algo más grande.

> "Yo sola no puedo cambiar el mundo, pero puedo tirar una piedra sobre las aguas para crear muchas ondas." — Madre Teresa

Esta semana lee y reflexiona diariamente en la Escritura presentada a continuación. Comienza un fluir natural de oración conversacional con el Espíritu Santo al meditar en las Escrituras, invitándolo a que Él se revele. Luego reúnete con los que estás compartiendo esta trayectoria, e interactúen con las preguntas del discipulado.

Lucas 13:20-21

Volvió a decir: —¿Con qué voy a comparar el reino de Dios? 21 Es como la levadura que una mujer tomó y mezcló con una gran cantidad de harina, hasta que fermentó toda la masa.

Hechos 13:38-49

»Por tanto, hermanos, sepan que por medio de Jesús se les anuncia a ustedes el perdón de los pecados. 39 Ustedes no pudieron ser justificados de esos pecados por la ley de Moisés, pero todo el que cree es justificado por medio de Jesús. 40 Tengan cuidado, no sea que les suceda lo que han dicho los profetas:

[41] »"¡Miren, burlones!
   ¡Asómbrense y desaparezcan!
Estoy por hacer en estos días una obra
   que ustedes nunca creerán,
      aunque alguien se la explique." »

[42] Al salir ellos de la sinagoga, los invitaron a que el siguiente sábado les hablaran más de estas cosas. [43] Cuando se disolvió la asamblea, muchos judíos y prosélitos fieles acompañaron a Pablo y a Bernabé, los cuales en su conversación con ellos les instaron a perseverar en la gracia de Dios.

[44] El siguiente sábado casi toda la ciudad se congregó para oír la palabra del Señor. [45] Pero cuando los judíos vieron a las multitudes, se llenaron de celos y contradecían con maldiciones lo que Pablo decía.

[46] Pablo y Bernabé les contestaron valientemente: «Era necesario que les anunciáramos la palabra de Dios primero a ustedes. Como la rechazan y no se consideran dignos de la vida eterna, ahora vamos a dirigirnos a los gentiles. [47] Así nos lo ha mandado el Señor:

»"Te he puesto por luz para las naciones,
   a fin de que lleves mi salvación hasta los confines de la
tierra." »

[48] Al oír esto, los gentiles se alegraron y celebraron la palabra del Señor; y creyeron todos los que estaban destinados a la vida eterna.

[49] La palabra del Señor se difundía por toda la región.

Hechos 4:32-35

Todos los creyentes eran de un solo sentir y pensar. Nadie consideraba suya ninguna de sus posesiones, sino que las compartían. ³³ Los apóstoles, a su vez, con gran poder seguían dando testimonio de la resurrección del Señor Jesús. La gracia de Dios se derramaba abundantemente sobre todos ellos, ³⁴ pues no había ningún necesitado en la comunidad. Quienes poseían casas o terrenos los vendían, llevaban el dinero de las ventas ³⁵ y lo entregaban a los apóstoles para que se distribuyera a cada uno según su necesidad.

Sofonías 3:9

»Purificaré los labios de los pueblos
   para que todos invoquen el nombre del
   y le sirvan de común acuerdo.

Preguntas del discipulado:

o ¿Cómo puede tu comunidad de fe reflejar el amor de Dios a la comunidad general alrededor de ti? Cuando la gente ve tu comunidad de fe desde afuera, ¿qué puede observar?

o ¿Cómo podrías trabajar junto con otros para servir más efectivamente de lo que podrías si estuvieras solo?

○ ¿Junto a quién tendrías que trabajar probablemente?

○ ¿Cómo puedes servir en maneras que traigan un cambio que se disperse a la comunidad en general?

○ ¿Qué efectos te gustaría ver como resultado de tu ministerio? Describe lo que ves.

Análisis del ministerio en la comunidad: En tu grupo, determina las necesidades mayores en tu comunidad local. Luego clasifica las necesidades según las que sean más urgentes. Determina cómo tu comunidad de fe puede responder estratégicamente a estas necesidades.

Pasos de acción:

o   Tomando en cuenta esto, ¿qué te está pidiendo Dios a ti?

o   ¿Cómo lo llevarás a cabo?

o   ¿Cuándo lo harás?

o   ¿Quién te ayudará?

2ª Parte:

Orando por sanidad y reconciliación en la sociedad

Pregunta clave: ¿*Cómo estás orando por sanidad y reconciliación en la sociedad?*

Vivimos en una sociedad en extrema necesidad de sanidad. Nuestro mundo está dividido en contra se sí mismo por raza, clase, grupo étnico, religión. El pecado nos separa no sólo de Dios, sino también uno del otro. Somos un mundo y un pueblo con necesidad de sanidad.

Enfrentando las necesidades a nuestro alrededor para buscar sanidad y reconciliación, nos trae cara a cara con nuestro propio sentido de insuficiencia. Sabemos que no somos lo suficientemente fuertes, ricos, inteligentes, o poderosos para resolver los problemas de las personas. No somos Dios; tenemos un límite. Esta es la razón por la cual traemos estas necesidades ante Él en oración. Nosotros solos no podemos traer sanidad y reconciliación, pero podemos experimentar el poder de Dios trabajando a través e nosotros al reclinarnos en Él y escuchar su voz y su dirección.

"El perdón y la reconciliación con nuestros enemigos o nuestros seres queridos no son sinónimo de fingir que lo que sucede es algo diferente de lo que realmente es. Tampoco se trata de darnos palmadas en la espalda uno al otro y hacernos de ojos ciegos al mal. La reconciliación verdadera expone la atrocidad, el abuso, el dolor, la verdad. A veces causará que la situación empeore. Es un riesgo por tomar, pero al final vale la pena, porque al final sólo la confrontación honesta con la realidad puede traer una sanidad verdadera. La reconciliación superficial puede traer sólo sanidad superficial." –Desmond Tutu

Oración

Pídele a Dios que quebrante tu corazón por las cosas que quebrantan el corazón de Él. Pídele que traiga sanidad y reconciliación. Pídele a Dios que te muestre dónde está obrando.

Esta semana lee y reflexiona diariamente en la Escritura presentada a continuación. Comienza un fluir natural de oración conversacional con el Espíritu Santo al meditar en las Escrituras, invitándolo a que Él se revele. Luego reúnete con los que estás compartiendo esta trayectoria, e interactúen con las preguntas del discipulado.

Lucas 15:11-32

»Un hombre tenía dos hijos —continuó Jesús—. 12 El menor de ellos le dijo a su padre: "Papá, dame lo que me toca de la herencia." Así que el padre repartió sus bienes entre los dos. 13 Poco después el hijo menor juntó todo lo que tenía y se fue a un país lejano; allí vivió desenfrenadamente y derrochó su herencia.

14 »Cuando ya lo había gastado todo, sobrevino una gran escasez en la región, y él comenzó a pasar necesidad. 15 Así que fue y consiguió empleo con un ciudadano de aquel país, quien lo mandó a sus campos a cuidar cerdos. 16 Tanta hambre tenía que hubiera querido llenarse el estómago con la comida que daban a los cerdos, pero aun así nadie le daba nada. 17 Por fin recapacitó y se dijo: "¡Cuántos jornaleros de mi padre tienen comida de sobra, y yo aquí me muero de hambre! 18 Tengo que volver a mi padre y decirle: Papá, he pecado contra el cielo y contra ti. 19 Ya no merezco que se me llame tu hijo; trátame como si fuera uno de tus jornaleros." 20 Así que emprendió el viaje y se fue a su padre.

»Todavía estaba lejos cuando su padre lo vio y se compadeció de él; salió corriendo a su encuentro, lo abrazó y lo besó. 21 El joven le dijo: "Papá, he pecado contra el cielo y contra ti. Ya no merezco que se me llame tu hijo." 22 Pero el padre ordenó a sus siervos: "¡Pronto! Traigan la mejor ropa para vestirlo. Pónganle también un anillo en el dedo y sandalias en los pies. 23 Traigan el ternero más gordo y mátenlo para celebrar un banquete. 24 Porque este hijo mío estaba muerto, pero ahora ha vuelto a la vida; se había perdido, pero ya lo hemos encontrado." Así que empezaron a hacer fiesta.

25 »Mientras tanto, el hijo mayor estaba en el campo. Al volver, cuando se acercó a la casa, oyó la música del baile. 26 Entonces llamó a uno de los siervos y le preguntó qué pasaba. 27 "Ha llegado tu hermano —le respondió—, y tu papá ha matado el ternero más gordo porque ha recobrado a su hijo sano y salvo." 28 Indignado, el hermano mayor se negó a entrar. Así que su padre salió a suplicarle que lo hiciera. 29 Pero él le contestó:

"¡Fíjate cuántos años te he servido sin desobedecer jamás tus órdenes, y ni un cabrito me has dado para celebrar una fiesta con mis amigos! ³⁰ ¡Pero ahora llega ese hijo tuyo, que ha despilfarrado tu fortuna con prostitutas, y tú mandas matar en su honor el ternero más gordo!"

³¹ »"Hijo mío —le dijo su padre—, tú siempre estás conmigo, y todo lo que tengo es tuyo. ³² Pero teníamos que hacer fiesta y alegrarnos, porque este hermano tuyo estaba muerto, pero ahora ha vuelto a la vida; se había perdido, pero ya lo hemos encontrado."»

Mateo 15:29-31

Salió Jesús de allí y llegó a orillas del mar de Galilea. Luego subió a la montaña y se sentó. ³⁰ Se le acercaron grandes multitudes que llevaban cojos, ciegos, lisiados, mudos y muchos enfermos más, y los pusieron a sus pies; y él los sanó. ³¹ La gente se asombraba al ver a los mudos hablar, a los lisiados recobrar la salud, a los cojos andar y a los ciegos ver. Y alababan al Dios de Israel.

Marcos 9:28-29

Cuando Jesús entró en casa, sus discípulos le preguntaron en privado:

—¿Por qué nosotros no pudimos expulsarlo?

²⁹ —Esta clase de demonios sólo puede ser expulsada a fuerza de oración —respondió Jesús.

"Cuando honestamente nos preguntamos cuáles personas en nuestras vidas son más importantes para nosotros, a menudo encontraremos que son aquellos que, en lugar de dar consejo, soluciones o curas, han escogido compartir nuestro dolor y tocar nuestras heridas con una mano cálida y tierna. El amigo que puede estar en silencio con nosotros en un momento de desesperación o confusión, que puede quedarse con nosotros en una hora de dolor y pérdida, que puede tolerar el no saber, no curar, no sanar y enfrentar con nosotros la realidad de nuestra impotencia, ese es una amigo que nos quiere." –Henri J.M. Nouwen

Preguntas del discipulado:

- o ¿Dónde ves tú la necesidad de sanidad?

- o ¿Dónde ves tú la necesidad de reconciliación?

- o ¿Cómo estás orando por estas cosas? ¿Qué cosas le pides a Dios?

o ¿Dónde ves a Dios obrando?

o En qué situaciones o relaciones puedes traer algún nivel de sanidad o reconciliación?

Pasos de acción:

o Tomando en cuenta esto, ¿qué te está pidiendo Dios a ti?

o ¿Cómo lo llevarás a cabo?

o ¿Cuándo lo harás?

o ¿Quién te ayudará?

3ª Parte:

Involucrándote en necesidades de justicia social en la comunidad en general

Pregunta clave: *¿Cómo estás involucrado en las necesidades de justicia social dentro de tu comunidad?*

En muchas iglesias, hablar de la justicia social hace que las personas tengan miedo que se pierda el mensaje del evangelio y que la iglesia se vuelva "demasiado liberal". Aunque es verdad que algunas iglesias han sustituido el evangelio social por uno literal, en la Escritura queda claro que Dios siempre ha tenido a intención que la justicia social sea el resultado del evangelio de Jesús. Van de la mano.

Una iglesia, actuando como debe actuar, estará sirviendo por causas de justicia, por defender a la viuda y al huérfano, y a aquellos que no se pueden defender por si mismos. ¿Cuál es tu parte en ello? ¿Eres un individuo pasivo que permite que otros en la iglesia actúen a tu favor? ¿O estás dispuesto a dar un paso personalmente como parte de un esfuerzo más grande? Cuando lo hagas, muy a menudo encontrarás que Dios ya está ahí delante de ti. Tú simplemente estás participando en algo que Él ya está haciendo.

"Dios está en los barrios marginados, en las cajas de cartón donde los pobres juegan a la casita. Dios está en el silencio de una madre que ha infectado a su bebé con algún virus que terminará ambas vidas. Dios está en los llantos que se escuchan bajo los escombros de la guerra. Dios está en las ruinas de las vidas y oportunidades desperdiciadas, y Dios está con nosotros si nosotros estamos con ellos." –Bono

"No dejes que lo que tú no puedes hacer interfiera con lo que sí puedes hacer." –John Wooden

Ejercicio: Una vez que hayan identificado un problema en particular en tu comunidad, el cual quieran tratar, reúnanse y pasen un tiempo en oración, escuchando a Dios y tratando de hacer una lluvia de ideas de soluciones posibles. Piensen cómo pueden actuar tanto individualmente como corporalmente.

Esta semana lee y reflexiona diariamente en la Escritura presentada a continuación. Comienza un fluir natural de oración conversacional con el Espíritu Santo al meditar en las Escrituras, invitándolo a que Él se revele. Luego reúnete con los que estás compartiendo esta trayectoria, e interactúen con las preguntas del discipulado.

Miqueas 6:8

¡Ya se te ha declarado lo que es bueno!
   Ya se te ha dicho lo que de ti espera el Señor:
Practicar la justicia,

amar la misericordia,
   y humillarte ante tu Dios.

Isaías 61:1-3

El Espíritu del SEÑOR omnipotente está sobre mí,
   por cuanto me ha ungido
   para anunciar buenas nuevas a los pobres.
Me ha enviado a sanar los corazones heridos,
   a proclamar liberación a los cautivos
   y libertad a los prisioneros,
2 a pregonar el año del favor del
   y el día de la venganza de nuestro Dios,
a consolar a todos los que están de duelo,
3   y a confortar a los dolientes de Sión.
Me ha enviado a darles una corona
   en vez de cenizas,
aceite de alegría
   en vez de luto,
traje de fiesta
   en vez de espíritu de desaliento.
Serán llamados robles de justicia,
   plantío del SEÑOR, para mostrar su gloria.

Preguntas del discipulado:

- o ¿Hacia qué injusticias sientes más dolor?

- o ¿Qué puedes hacer por esto?

o ¿Qué riesgo puede esto traer a ti personalmente?

o ¿Qué recompensas puede haber?

o ¿Qué figuras históricas admiras más por la manera en la que se interpusieron en el camino de la injusticia? ¿Cómo puedes imitarlos?

o ¿Cómo puedes trabajar junto con otros en tu comunidad de fe para lograr hacer una diferencia?

Diario: ¿Quiénes son los pobres en tu comunidad? Escribe acerca de ellos. ¿Qué cualidades comparten? ¿Qué desafíos enfrentan? ¿Qué necesidades tienen?

Pasos de acción:

o   Tomando en cuenta esto, ¿qué te está pidiendo Dios a ti?

o   ¿Cómo lo llevarás a cabo?

o   ¿Cuándo lo harás?

o   ¿Quién te ayudará?

4ª Parte:

Cuidando de la creación de Dios de manera práctica

Pregunta clave: *¿Cómo estás cuidando de la creación de Dios de manera práctica?*

A veces los seguidores de Jesús han creído, erróneamente, que no necesitan cuidar su medio ambiente porque Dios de todas formas destruirá al mundo en la segunda venida. Cuando vemos la Escritura, se nos dice que debemos cuidar por, y supervisar la creación. En el Edén, Él nos dijo que cuidáramos a los animales, a las plantas, y a la tierra. Nosotros somos los responsables.

Cuando Jesús regrese, el regresará a redimir no solo a nosotros, sino a toda la creación. Los pasajes en la Escritura en esta sección, clarifican la medida de su restauración y nuestro rol en ella. Cuando cuidamos la creación y participamos en su restauración, vivimos una experiencia con Dios y estamos tomado un rol en el reino venidero de Dios.

Aún ahora, hay cosas prácticas que podemos hacer para cuidar la creación. Cuidar los animales, esforzarnos por aliviar su sufrimiento, cultivar alimentos, reponer el desgaste del suelo, recoger la basura, reciclar, plantar árboles… Hagan una lluvia de idea juntos, pensando en más ideas como estas.

"Si tu vida diaria parece pobre, no la culpes; cúlpate a ti mismo, dite a ti mismo que no eres suficientemente poeta para aclamar sus riquezas; ya que para el creador no hay pobreza, y no hay un lugar pobre indiferente." –Rainer Maria Rilke

Esta semana lee y reflexiona diariamente en la Escritura presentada a continuación. Comienza un fluir natural de oración conversacional con el Espíritu Santo al meditar en las Escrituras, invitándolo a que Él se revele. Luego reúnete con los que estás compartiendo esta trayectoria, e interactúen con las preguntas del discipulado.

Génesis 1:31

Dios miró todo lo que había hecho,
  y consideró que era muy bueno.
Y vino la noche, y llegó la mañana:
   ése fue el sexto día.

Génesis 2:15

Dios el SEÑOR tomó al hombre y lo puso en el jardín del Edén para que lo cultivara y lo cuidara,

Génesis 3:17-19

Al hombre le dijo:

«Por cuanto le hiciste caso a tu mujer,
  y comiste del árbol del que te prohibí comer,
   ¡maldita será la tierra por tu culpa!
Con penosos trabajos comerás de ella

todos los días de tu vida.
18 La tierra te producirá cardos y espinas,
   y comerás hierbas silvestres.
19 Te ganarás el pan con el sudor de tu frente,
   hasta que vuelvas a la misma tierra
   de la cual fuiste sacado.
Porque polvo eres,
   y al polvo volverás.»

Romanos 8:19-23

La creación aguarda con ansiedad la revelación de los hijos de
Dios, 20 porque fue sometida a la frustración. Esto no sucedió
por su propia voluntad, sino por la del que así lo dispuso. Pero
queda la firme esperanza 21 de que la creación misma ha de ser
liberada de la corrupción que la esclaviza, para así alcanzar la
gloriosa libertad de los hijos de Dios.

22 Sabemos que toda la creación todavía gime a una, como si
tuviera dolores de parto. 23 Y no sólo ella, sino también
nosotros mismos, que tenemos las primicias del Espíritu,
gemimos interiormente, mientras aguardamos nuestra
adopción como hijos, es decir, la redención de nuestro cuerpo.

2 Crónicas 7:14

si mi pueblo, que lleva mi nombre, se humilla y ora, y me busca
y abandona su mala conducta, yo lo escucharé desde el cielo,
perdonaré su pecado y restauraré su tierra.

Imagina... _____

... a la creación restaurada y dejando de pedir la redención

... al pueblo de Dios empleando al pobre para sanar su
propio entorno (www.edenprojects.org)

... el impacto de ese empleo en la economía local

Preguntas del discipulado:

- o ¿Cómo piensas que Dios nos ha llamado a administrar su creación?

- o ¿Cómo se dañó nuestra relación con la Tierra por la caída?

o En 2ª Crónicas 7:14, ¿qué quiso decir Dios por sanar la tierra? ¿Por qué necesitaba la tierra ser sanada?

o ¿Dónde sientes que la creación está gimiendo?

o ¿Qué puedes hacer, junto con los de tu comunidad de fe, para participar cuidando de la creación?

o Hagan una lluvia de ideas de algunas maneras prácticas en las que pueden participar para transformar la creación. Piensen tanto local, como globalmente.

Pasos de acción:

o Tomando en cuenta esto, ¿qué te está pidiendo Dios a ti?

o   ¿Cómo lo llevarás a cabo?

o   ¿Cuándo lo harás?

o   ¿Quién te ayudará?

5ª Parte:

Ayudando a otros a cultivar vidas y relaciones sanas

Pregunta clave: *¿Cómo estás ayudando a los demás a promover vidas y relaciones sanas?*

No es sólo la creación la que necesita ser redimida y transformada, nosotros también lo necesitamos. Necesitamos ayudar a las personas a librar sus vidas de patrones y conductas destructivas, y reemplazarlos con patrones y conductas sanas. De hecho, si nos enfocamos solamente en librarnos de una conducta destructiva y no tratamos de reemplazarla con otra cosa, estamos creando un vacío que invita nuevos tipos de conductas destructivas. El ciclo de la destrucción no se rompe sólo cuando dejamos de destruir cosas, se rompe cuando comenzamos a construir cosas.

Necesitamos promover la salud tanto a nivel individual, como a un nivel comunitario. Así como un individuo puede reemplazar un patrón de chisme con una habilidad sana para escuchar, considera lo que podemos intercambiar por destrucción a una escala a nivel de la comunidad entera: centros comunitarios en lugar de pandillas, educación en lugar de ignorancia, trabajo en lugar de flojera. Cuando más y más personas comienzan a hacer estos cambios positivos, veremos comunidades enteras creciendo hacia una salud mayor. Considera cómo tu comunidad de fe puede juntarse para ver más de esta visión volverse en una realidad.

> "Hay una aspiradora con forma de Dios en el corazón de cada persona, y nunca se podrá llenar con alguna cosa creada. Sólo se puede llenar por Dios, quien se da a conocer a través de Jesucristo." –Blaise Pascal

Esta semana lee y reflexiona diariamente en la Escritura presentada a continuación. Comienza un fluir natural de oración conversacional con el Espíritu Santo al meditar en las Escrituras, invitándolo a que Él se revele. Luego reúnete con los que estás compartiendo esta trayectoria, e interactúen con las preguntas del discipulado.

Efesios 4:17-32

Así que les digo esto y les insisto en el Señor: no vivan más con pensamientos frívolos como los paganos. [18] A causa de la ignorancia que los domina y por la dureza de su corazón, éstos tienen oscurecido el entendimiento y están alejados de la vida que proviene de Dios. [19] Han perdido toda vergüenza, se han entregado a la inmoralidad, y no se sacian de cometer toda clase de actos indecentes.

[20] No fue ésta la enseñanza que ustedes recibieron acerca de Cristo, [21] si de veras se les habló y enseñó de Jesús según la verdad que está en él. [22] Con respecto a la vida que antes llevaban, se les enseñó que debían quitarse el ropaje de la vieja naturaleza, la cual está corrompida por los deseos engañosos; [23] ser renovados en la actitud de su mente; [24] y ponerse el ropaje de la nueva naturaleza, creada a imagen de Dios, en verdadera justicia y santidad.

[25] Por lo tanto, dejando la mentira, hable cada uno a su prójimo con la verdad, porque todos somos miembros de un mismo cuerpo. [26] «Si se enojan, no pequen.» No dejen que el sol se ponga estando aún enojados, [27] ni den cabida al diablo. [28] El que

robaba, que no robe más, sino que trabaje honradamente con las manos para tener qué compartir con los necesitados.

[29] Eviten toda conversación obscena. Por el contrario, que sus palabras contribuyan a la necesaria edificación y sean de bendición para quienes escuchan. [30] No agravien al Espíritu Santo de Dios, con el cual fueron sellados para el día de la redención. [31] Abandonen toda amargura, ira y enojo, gritos y calumnias, y toda forma de malicia. [32] Más bien, sean bondadosos y compasivos unos con otros, y perdónense mutuamente, así como Dios los perdonó a ustedes en Cristo.

Juan 10:10

El ladrón no viene más que a robar, matar y destruir; yo he venido para que tengan vida, y la tengan en abundancia.

Oración y reflexión: Pasa algún tiempo imaginando el tipo de comunidad en la cual Dios podría transformar esta comunidad. ¿Cómo sería?

Preguntas del discipulado:

o   ¿Qué estás sintiendo de parte de Dios acerca de tu comunidad?

o ¿Qué ves en tu comunidad que necesita un cambio?

o ¿Con qué podrías llenar los vacíos que quedarían?

o ¿Quién te puede ayudar a hacerlo?

o ¿Cómo se puede unir tu comunidad de fe a ti para ayudarte en esta tarea? ¿Cómo te puedes unir tú a tu comunidad de fe en esta tarea?

Pasos de acción:

o Tomando en cuenta esto, ¿qué te está pidiendo Dios a ti?

o ¿Cómo lo llevarás a cabo?

o ¿Cuándo lo harás?

o ¿Quién te ayudará?

¿Qué sigue?

Así que has terminado esta guía. ¿Ahora qué? Existe alguna otra dimensión del discipulado en la que debes enfocarte? Si es así, ¿en cuál?

Ya que las Dimensiones del Discipulado no tienen la intensión de ser usadas en un orden en particular, te toca a ti escuchar al Espíritu Santo. Observa el panorama general, y decide a dónde es que Dios te está guiando después. Al seguir un sistema integral, siempre será una sorpresa. No importa qué guía escojas a continuación, estás comprometido en un proceso continuo de acción—reflexión, al continuar viviendo encarnado y misionalmente. Todas las guías de Dimensiones del Discipulado se indican a continuación:

- o *Experimentando a Dios:* Participando intencional y consistentemente con Dios en una relación más profunda

- o *Capacidad de Respuesta Espiritual*: Escuchando al Espíritu Santo y actuando según lo que escuchas

- o *Servicio Sacrificial:* Haciendo buenas obras, aún cuando sea costoso, inconveniente o un desafío

- o *Una Vida Generosa:* Fielmente administrando lo que Dios te ha dado para que el reino avance

- o *Haciendo Discípulos:* Haciendo más y mejores seguidores de Cristo al vivir la Gran Comisión

- o *Transformación Personal:* Cambiando tu conducta y actitud por tu relación con Dios y con los demás

- o *Relaciones Auténticas:* Participando con otras personas en maneras que reflejen el corazón de Dios hacia ellos

- *Transformación en la Comunidad:* Una participación personal con otros para facilitar un cambio positivo donde vives y más allá

Tal vez lo que sigue no es otra guía de las Dimensiones del Discipulado. Estas son algunas otras opciones:

- Si tienes un amigo o un mentor con el cual has estado leyendo estas guías, o si te gustaría comenzar a discipular a alguien más, puedes incrementar grandemente la productividad de tu relación de asesor usando la siguiente herramienta: www.disciple.mycoachlog.com—esta te ayudará a permanecer en el camino, reflexionar en lo que Dios está haciendo, y celebrar el progreso.

- Tal vez estés listo para tomar esta relación con un asesor al siguiente nivel, ya sea buscando un asesor, aprendiendo cómo ser asesor, o entrenando a tu iglesia en lo que hace un asesor. Visita www.loganleadership.com para mayores informes acerca de estas oportunidades.

- Puedes seguir con series similares, como por ejemplo: Las guías The Journey Together Now ("El camino juntos ahora"). Puedes encontrar más información acerca de estas guías, y las podrás descargar en www.journeytogethernow.com.

Sin importar lo que sigue para ti, continúa creciendo en maneras en las que seguirás este viaje continuo del discipulado.

www.ingramcontent.com/pod-product-compliance
Lightning Source LLC
Chambersburg PA
CBHW071939020426
42331CB00010B/2942